Couvertures supérieure et inférieure
manquantes

TRAITÉ

POUR

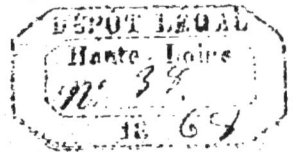

L'ÉCLAIRAGE AU GAZ DE LA VILLE DU PUY

Entre M. Henri VINAY, membre du Conseil général du déparement de la Haute-Loire, Maire de la ville du Puy, agissant en cette qualité, d'une part ;

Et la Société pour l'éclairage par le gaz de la ville du Puy, constituée par acte passé par-devant Me Ferrouillat et son collègue, notaires à Lyon, en date du 28 août 1844, dont le siége est à Lyon, et représentée par :

MM.

Siaux Etienne ;
Dupasquier Laurent-Auguste ;
Ribaud Léon ;
Et Richond-Chantal Ernest, administrateurs de ladite Société, d'autre part ;

Ont été faites les conventions suivantes :

CHAPITRE Ier.

DISPOSITIONS PRÉLIMINAIRES.

ARTICLE PREMIER.

Le privilége de l'éclairage et du chauffage par le gaz de la ville du Puy est concédé sous les clauses, charges et conditions ci-après, à la Compagnie sus-dénommée qui est actuellement en possession de ce service, en vertu d'une adjudication du 5 août 1844, dont la durée a été prorogée par deux traités successifs, des 15 mars 1862 et 12 novembre 1865, enregistrés.

ARTICLE 2.

Cette concession est faite pour 50 ans, qui commenceront à courir le 1er janvier 1867 et finiront le 31 décembre 1916.

ARTICLE 3.

Pendant la durée de la présente concession, la Société d'éclairage sera seule chargée, à l'exclusion de tous autres et sans distinction de la grande et petite voirie, de l'éclairage public et particulier, sur toute l'étendue de la ville.

ARTICLE 4.

La Compagnie reconnaît elle-même, avec la ville, que son usine et sa canalisation ne sont pas établies dans des conditions satisfaisantes et en harmonie avec l'importance de l'éclairage auquel elle doit pourvoir. Certaines parties de la ville ont toujours été fort mal éclairées, et dans le quartier St-Laurent, notamment, le gaz était tellement défectueux qu'il a fallu le remplacer par un autre système.

Ces accidents ne doivent plus se représenter et la Compagnie s'engage formellement à faire, soit à son usine, soit à sa canalisation, tous les changements, toutes les modifications, toutes les améliorations nécessaires, importées aujourd'hui et en usage dans les usines bien tenues et fonctionnant régulièrement, pour que toutes les parties de la ville, quelles qu'elles soient, jouissent, dans les 18 mois, à dater du 1er janvier 1867, d'un éclairage complet, et pour que le gaz arrive partout avec le même pouvoir éclairant.

ARTICLE 5.

Si la Compagnie jugeait à propos de transporter son usine dans un emplacement autre que celui actuel, elle devrait le faire de manière à ce que le service demeurât toujours complètement assuré, et l'usine ancienne ne pourrait être supprimée ou détruite que lorsque l'Administration aurait reconnu, par elle-même, que le nouvel établissement est en état de fonctionner.

Et dans le cas où l'usine serait établie en dehors des limites de l'octroi, la Compagnie payerait à la caisse municipale une redevance de 0 fr. 02 centimes par mètre cube de gaz consommé dans la ville.

Le décompte de la redevance serait dressé chaque mois et devrait être acquitté par la Compagnie dans le courant du mois suivant, ou en argent ou par voie de retenue.

ARTICLE 6.

La Société s'engage à fournir pendant les 50 années de la concession, tant pour l'éclairage public que pour l'éclairage particulier, le gaz, aux prix, clauses et conditions suivantes :

CHAPITRE II.

DISPOSITIONS COMMUNES A L'ÉCLAIRAGE PUBLIC ET PARTICULIER.

ARTICLE 7.

L'éclairage sera fait par le gaz extrait de la houille. Il ne pourra être employé d'autre gaz sans le consentement formel et par écrit de M. le Maire, après délibération du Conseil municipal.

Le gaz sera parfaitement épuré, la flamme sera blanche, sans mélange de rouge, et devra avoir les dimensions qui seront ultérieurement déterminées.

ARTICLE 8.

Un manomètre sera placé à l'Hôtel-de-Ville, aux frais de la Compagnie, pour constater la pression du gaz, qui ne pourra jamais descendre au-dessous de 0m,02 centimètres.

ARTICLE 9.

Outre le manomètre, un compteur d'essai et des brûleurs servant d'étalons pour l'éclairage public et particulier, seront installés dans le local que désignera le Maire et dont il aura la clef.

Le branchement à exécuter pour mettre ce local en communication avec la conduite du gaz, la fourniture et l'installation de ces appareils seront à la charge de la Compagnie.

ARTICLE 10.

Si, par suite du progrès de la science, l'Administration, de l'avis du Conseil municipal, jugeait convenable d'imposer à la Société l'emploi de procédés étrangers au système actuel de fabrication du gaz, mais adoptés déjà par la ville de Paris ou par celle de Lyon, la Société serait tenue de se conformer aux prescriptions de l'Administration.

Dans le cas où l'emploi de ces nouveaux procédés aurait pour résultat un abaissement notable dans le prix de revient du gaz, la Société serait obligée d'en faire profiter l'éclairage public et particulier; cet abaissement de prix serait déterminé, au Puy, proportionnellement à l'abaissement des prix de Paris.

Il en serait de même dans le cas où la Compagnie prendrait elle-même l'initiative.

En cas de découverte d'un mode d'éclairage autre que l'éclairage par le gaz extrait de la houille, le seul autorisé actuellement, si ce mode venait à prévaloir et à être adopté généralement, soit à Paris, soit partout ailleurs, l'Administration se réserve le droit, ou d'imposer ce nouveau mode d'éclairage à la Compagnie, ou, à défaut

d'acceptation de la part de cette dernière, de concéder toute autorisation nécessaire pour l'établissement du nouveau système à
toute autre Compagnie, un an après une simple mise en demeure,
sans être tenue à aucune indemnité envers la Compagnie actuelle,
dont le traité se trouverait résilié de plein droit.

Article 11.

Avant le commencement des travaux et dans les 4 mois de la
date du présent traité au plus tard, la Compagnie soumettra à
l'Administration municipale un plan d'ensemble des canalisations
existantes ainsi que des modifications qu'elle jugera utile d'y apporter. L'Administration, après avoir entendu la Compagnie, pourra
prescrire dans la direction des conduites, qui doivent être en fonte,
toutes les modifications successives que lui paraîtra exiger la bonne
exécution du service.

Article 12.

La Compagnie rétablira, à ses frais, le pavé, sur toute la surface
de la voie publique qui aura été ouverte pour la pose des tuyaux ;
et, pendant l'année qui suivra, si un tassement se produit, elle fera
refaire le pavé, encore à ses frais, sous la direction de l'architecte
de la ville.

Article 13.

Tous les branchements, candélabres, consoles, lanternes et généralement tout ce qui constitue le matériel de l'éclairage public,
seront établis aux frais de la Société, pendant toute la durée de la
concession.

La Compagnie sera chargée de l'entretien de ce matériel; elle
remplacera, sans indemnité, tout ce qui viendrait à manquer ou
à être cassé ou ce qui serait hors de service par vétusté ou par
toute autre cause, même non prévue par les présentes, et ce, à la
première réquisition de l'Administration.

Elle fera réparer immédiatement les fuites qui se manifesteront dans les tuyaux, conduits, robinets et autres accessoires.

La Compagnie restera responsable même des vols dont le matériel pourrait être l'objet, et les procès-verbaux qui seront dressés à ce sujet, par l'autorité, lui serviront, s'il y a lieu, de titre pour réclamer les frais de remplacement contre les auteurs ou fauteurs des dommages, sans que l'Administration puisse jamais être recherchée.

ARTICLE 14.

Pour assurer les services publics et particuliers dont elle est chargée, la Compagnie aura constamment en magasin ou en cours de transport un approvisionnement d'un mois en matières premières destinées à la fabrication du gaz.

Cet approvisionnement et les quantités de gaz fabriquées seront vérifiés toutes les fois que l'Administration l'exigera et par les moyens qu'elle jugera convenables.

CHAPITRE III.

ÉCLAIRAGE PUBLIC.

ARTICLE 15.

La Compagnie s'engage, envers la ville, à fournir l'éclairage public dans toutes les rues, places, boulevards et impasses, indiqués au cahier des charges qui a précédé l'adjudication du 5 août 1844 et qu'elle éclaire actuellement.

La ville aura la faculté de donner à l'éclairage public une plus grande extension, notamment de faire éclairer la promenade du Fer-à-Cheval, les rues, places et faubourgs créés ou à créer.

ARTICLE 16.

La canalisation sera étendue, par la Compagnie, et à ses frais, sur toutes les parties qui lui seront désignées, sans, toutefois, qu'elle puisse jamais être astreinte à la prolonger en dehors des barrières, mais au fur et à mesure que les barrières viendront à s'étendre, la ville pourra toujours exiger, à son gré, que la canalisation y soit portée.

ARTICLE 17.

L'éclairage public s'étend à tous les établissements municipaux et à tous ceux qui remplissent un service communal; il comprend, en outre, les édifices suivants, qui ont un caractère d'intérêt public et communal en même temps, hospices, lycée et casernes.

Les travaux d'établissement intérieurs pour ces éclairages ne seront pas à la charge de la Compagnie.

ARTICLE 18.

Le modèle des lanternes et celui des candélabres adopté jusqu'à ce jour ne sera modifié que si l'Administration le demande, mais dans ce dernier cas, et pour tous les candélabres d'une forme nouvelle à placer ultérieurement, la ville serait tenue de payer ce qui excèderait la somme de 80 francs pour chaque candélabre, non compris la lanterne.

L'Administration désignera seule la place où les candélabres et consoles devront être posés.

La Compagnie sera tenue de faire, à ses frais, tous les déplacements et replacements de candélabres ou consoles qu'il plaira à l'Administration de faire opérer, et sans indemnité contre la ville.

ARTICLE 19.

L'Administration assure à la Compagnie au moins 200 becs extérieurs.

Chaque bec devra rester allumé en moyenne de 6 à 8 heures par nuit, pour toute l'année, mais la répartition n'en sera point égale ; M. le Maire la règlera suivant les saisons et à son gré ; il fera connaître cette répartition à la Compagnie tous les mois et d'avance.

La Compagnie sera tenue d'éclairer, même pendant toute la nuit, lorsque l'Administration le jugera convenable, mais avec la condition du paiement du supplément de gaz consommé; comme aussi, il sera loisible de lui enjoindre d'éteindre une partie quelconque de ses becs, à partir de telle heure déterminée, pour laisser l'autre partie correspondante éclairée pendant un temps égal et proportionnel à celui des becs éteints, le tout, dans ce cas, sans indemnité.

ARTICLE 20.

L'allumage sera fait en 20 minutes au plus ; c'est-à-dire qu'il pourra commencer 10 minutes avant l'heure du tableau et qu'il devra être terminé au plus tard 10 minutes après cette heure.

ARTICLE 21.

Les gazomètres de l'établissement devront, à l'heure de l'extinction, contenir encore assez de gaz pour la consommation de 2 heures, au moins, de l'éclairage public, afin de pouvoir y recourir, en cas d'incendie ou de tout autre événement qui nécessiterait soit une prolongation d'éclairage, soit le rallumage instantané après extinction, auquel cas l'entrepreneur sera tenu de déférer aux ordres qu'il recevrait, à cet effet, de l'Administration, soit par écrit, soit de vive voix.

ARTICLE 22.

M. le Maire aura le droit d'ordonner le renvoi soit temporaire, soit définitif des allumeurs ou de tous employés du service actif, toutes les fois que ces employés donneront lieu, à l'occasion du service ou pour toute autre cause, à des plaintes qu'il jugera fondées, et la Compagnie sera tenue de se conformer à sa décision à cet égard, à peine d'une retenue de 5 francs par jour pour chaque employé.

La Compagnie fournira, chaque mois, un état indicatif des noms et demeures des personnes employées à son service actif.

Article 23.

Tous les candélabres, consoles et lanternes seront numérotés par la Compagnie et à ses frais ; les peintures de ces numéros, qui devront être toujours lisibles, seront entretenues par elle en bon état.

La Compagnie fera peindre aussi, à ses frais, les candélabres, consoles et lanternes, suivant les tons de couleur qui lui seront indiqués.

Article 24.

Les lanternes seront nettoyées complètement tous les trois jours. Les candélabres et les consoles seront lavés et nettoyés du 25 au 30 de chaque mois dans toute leur étendue, le tout par les soins et aux frais de la Compagnie.

Article 25.

L'éclairage communal aura lieu au bec. Chaque bec consommera 165 litres de gaz à l'heure ; il sera pourvu d'un brûleur ou papillon donnant une flamme en éventail ou croissant plein qui devra avoir l'intensité de lumière ci-après : huit centimètres (0^m,08) de largeur, mesurée des points extrêmes, et cinq centimètres et demi de hauteur, mesurée du centre du bec.

Toutefois, la ville aura la faculté d'employer, pour l'éclairage intérieur de ses édifices, des demi-becs d'une consommation de 100 litres de gaz à l'heure et dont le nombre ne pourra pas dépasser le huitième des becs entiers.

La ville et les établissements compris dans l'art. 17 auront également la faculté de se servir du compteur.

ARTICLE 26.

Le prix de l'éclairage public est fixé à deux centimes 1/2 (0ᶠ 025) par bec et par heure; à un centime 1/2 (0ᶠ 015) par demi-bec, aussi par heure, et à 20 centimes le mètre cube (0ᶠ 20).

Ces prix s'appliqueront aux établissements communaux et autres désignés en l'art. 17.

Au commencement de chaque mois, le directeur de l'usine fournira à l'Administration l'état de consommation du gaz du mois précédent à la charge de la ville. Le montant de cet état vérifié sera immédiatement payable chez le Receveur municipal, sur un mandat délivré par le Maire, sous la déduction, toutefois, des retenues qu'il y aurait lieu d'exercer dans les cas prévus au présent traité.

ARTICLE 27.

La Société s'engage à exécuter ponctuellement ses obligations, sous peine de dommages-intérêts.

Dans les cas ci-après déterminés, les dommages-intérêts seront supportés par forme de retenue et imputés sur les sommes revenant, chaque mois, à la Société.

ARTICLE 28.

Ces retenues seront fixées ainsi qu'il suit :

1º Pour chaque bec dont la flamme n'aurait pas la dimension prescrite par l'art. 7, il sera fait une retenue du double du prix de l'éclairage de toute la nuit.

Cette retenue sera réduite de moitié, lorsque la défectuosité aura été rectifiée dans les 2 premières heures du service et qu'il en aura été justifié.

2° Lorsque l'allumage n'aura pas été fait dans quelque partie de la ville aux heures réglémentaires, la retenue sera de 1 franc par bec et par heure de retard.

La même retenue sera faite par chaque demi-heure d'extinction prématurée.

3° La Société supportera une retenue de 5 francs par appareil et par chaque jour de retard non justifié qu'éprouverait la mise en service des appareils, passé le délai fixé pour la mise en activité.

4° Elle supportera une retenue de 1 franc par jour par chaque appareil dans le tuyau duquel se seraient manifestées des fuites qui n'auraient pas été réparées après avertissement donné à la Société.

5° La retenue sera également de 1 franc par jour pour les cas ci-après :

Pour chaque lanterne, candélabre ou console non nettoyés ou lavés aux époques fixées;

Pour chaque candélabre ou console dont la peinture ne serait pas renouvelée ou dont les numéros seraient illisibles, après avertissement préalable;

Pour chaque brûleur qui ne serait pas conforme au modèle déposé à la Mairie.

6° Pour chaque jour où le gaz ne serait point arrivé au degré de pureté ou de pouvoir éclairant prescrits, la retenue sera de 25 francs, pour la première contravention ; de 50 francs, pour la deuxième, et de 100 francs, pour la troisième, constatées dans l'espace de 30 jours.

7° Si la Société n'a pas les approvisionnements déterminés par les articles 14 et 21, la retenue sera de 100 francs par chaque dixième manquant à cet approvisionnement.

8° La Compagnie supportera une retenue de 100 fr. par chaque jour de retard qu'elle aurait mis dans l'accomplissement des travaux d'amélioration et de modifications à apporter, soit à la canalisation, soit à l'usine, lesquels doivent être parachevés dans 18 mois, à partir du 1er janvier 1867.

ARTICLE 29.

La Compagnie ne pourra, sous aucun prétexte, suspendre l'éclairage, à peine d'une retenue de 400 francs par chaque jour de suspension.

Et dans le cas où elle se prolongerait pendant 8 jours, M. le Maire traduirait la Compagnie devant le Conseil de préfecture de la Haute-Loire, pour voir prononcer la résiliation du traité avec tels dommages-intérêts qu'il appartiendrait.

Une adjudication sur folle-enchère pourrait même, au gré de la ville, avoir lieu aux risques et périls de la Compagnie et, à partir du huitième jour, la ville entrerait elle-même, de plein droit, en possession provisoire du matériel et de l'usine, afin de pourvoir aux besoins du service.

ARTICLE 30.

Toutes les retenues seront prononcées par le Maire, d'après les rapports du commissaire de police, des employés de l'Administration et pour chaque contravention constatée.

ARTICLE 31.

Les contraventions relatives à la qualité du gaz seront constatées par des délégués du Maire, soit par le commissaire de police, soit par un homme de l'art chargé de prononcer et de faire, au besoin, toutes expertises pour s'assurer des causes de la défectuosité et des vices du gaz.

ARTICLE 32.

S'il était reconnu que le service de l'éclairage public est fait avec négligence, et que le gaz est habituellement de mauvaise qualité, l'Administration aura la faculté d'appeler immédiatement la concurrence, et le présent traité sera de plein droit résilié.

Il sera procédé à la constatation des faits qui donneront lieu à l'appel immédiat de la concurrence et à la résiliation du présent traité par deux experts nommés, un par la ville, et un par la Compagnie.

En cas de dissidence, un troisième expert serait nommé par M. le Préfet de la Haute-Loire.

Sur le vu des rapports des experts constatant, à la majorité, les faits prévus au paragraphe ci-dessus, le présent traité serait de plein droit résilié et la ville autorisée à appeler la concurrence, et, dans ce cas, le Conseil de préfecture statuerait sur les dommages-intérêts qui seraient dus par la Compagnie.

CHAPITRE IV.

ÉCLAIRAGE PARTICULIER.

ARTICLE 33.

La Compagnie sera tenue de fournir le gaz à toute personne qui aura contracté un abonnement de six mois au moins, et qui se sera, d'ailleurs, conformée aux dispositions des règlements concernant la pose des appareils.

Les abonnements pourront être faits pour tous les jours, sans exception, ou en exceptant les dimanches et fêtes.

Aucun abonnement ne pourra être refusé sur tous les points où les lanternes publiques seront établies ; mais la Compagnie sera en droit d'exiger que le paiement s'en fasse par mois et d'avance. Les polices en vertu desquelles seront souscrits les abonnements, devront être conformes à un modèle approuvé par l'Administration.

ARTICLE 34.

Le gaz sera fourni, soit au compteur, soit au bec ou demi-bec et à l'heure, à la volonté des abonnés.

Les frais de branchement, la pose et fourniture des tuyaux et autres appareils dans l'intérieur des magasins et habitations, seront à la charge des abonnés.

Le bec de l'éclairage particulier consommera 150 litres de gaz par heure, et le demi-bec, 100 litres.

ARTICLE 35.

Pendant toute la durée assignée au présent traité, le maximum du prix de l'éclairage particulier sera de 0,04 centimes 1/4 par bec, et de 0,03 centimes 1/2, par demi-bec, pour tous les abonnés et par heure.

Le maximum du prix de l'éclairage particulier, par le compteur, sera de 0,37 centimes 1/2 par mètre cube de gaz.

ARTICLE 36.

Les compteurs seront à la charge des abonnés qui auront la faculté de les prendre parmi les systèmes autorisés et de les faire poser et entretenir par des ouvriers de leur choix, sauf les droits des fabricants brevetés.

Ils ne pourront être mis en service qu'après avoir été vérifiés et poinçonnés par l'Administration de la ville du Puy, de Lyon ou de Paris.

Ils seront soumis, quant à leur exactitude et à la régularité de leur marche, à toutes les vérifications que l'Administration municipale pourra prescrire, sans préjudice de celles que les abonnés ou la Société voudraient faire effectuer par les voies de droit.

Les abonnés au compteur auront la libre disposition du gaz qui aura passé par le compteur ; ils pourront le distribuer comme bon leur semblera, soit à l'intérieur, soit à l'extérieur de leur domicile, et par tel nombre de becs ou fractions de bec qu'ils jugeront convenable.

ARTICLE 37.

La Compagnie devra, pour tous les consommateurs qui le demanderont, convertir immédiatement les abonnements à l'heure en abonnements au compteur.

CHAPITRE V.

CHAUFFAGE.

_____

ARTICLE 38.

En ce qui concerne l'application du gaz au chauffage, la Compagnie se conformera à toutes les dispositions qui lui seront prescrites par l'Administration municipale, sans, toutefois, que celle-ci puisse lui imposer des prix autres que ceux qui sont fixés pour le gaz d'éclairage public et particulier.

CHAPITRE VI.

DISPOSITIONS GÉNÉRALES.

_____

ARTICLE 39.

Si, pendant le cours des cinquante années de la concession, la Compagnie, par un motif quelconque, venait à cesser son exploitation, ou était hors d'état de la continuer, elle serait déchue de

plein droit du bénéfice du présent traité ; dans ce cas, l'Administration serait mise immédiatement en possession provisoire du
matériel d'exploitation et pourvoirait au service par tel moyen
qu'elle jugerait convenable.

ARTICLE 40.

La Compagnie ne pourra céder son droit à la présente concession, en totalité ou en partie, à qui que ce soit, sans le consentement écrit de l'Administration municipale.

ARTICLE 41.

Aucun travail de canalisation ou de branchement ne pourra être
entrepris par la Compagnie, pour son compte personnel, ou pour
le compte des particuliers, sans en avoir obtenu l'autorisation
de la Municipalité, aux conditions qu'elle déterminera.

ARTICLE 42.

Lors des travaux de canalisation, de branchement ou d'entretien,
la Compagnie devra prendre les mesures nécessaires pour ne
causer aucun dommage aux tuyaux de conduite des fontaines de
la ville.

Elle restera responsable des dégâts qu'elle aurait occasionnés
et devra faire réparer, immédiatement et à ses frais, les tuyaux
et autres appareils qui auraient subi des avaries par son fait ou
par sa faute.

Elle demeurera garant et responsable des réclamations qui
seraient élevées par des tiers, pour dommages qu'elle pourrait
causer à leurs propriétés.

ARTICLE 43.

A l'expiration de la concession, la ville deviendra propriétaire
de plein droit et entrera en possession, sans indemnité, de tous

les candélabres, consoles, lanternes, tubes, robinets et accessoires apparents servant spécialement à l'éclairage public.

Elle deviendra également, si elle le désire, propriétaire de l'usine ou des usines et des canalisations servant à la fabrication et à la distribution du gaz, moyennant un prix fixé à dire d'experts. Ces experts seront contradictoirement nommés, l'un par M. le Maire, l'autre par la Compagnie. En cas de désaccord, un troisième expert sera nommé par M. le Préfet de la Haute-Loire.

Toutefois, les experts n'auront à estimer les tuyaux de toute espèce établis en dehors de l'usine que pour leur valeur intrinsèque, comme simples tuyaux, abstraction faite des frais de main-d'œuvre pour la pose et de leur utilité industrielle.

La ville se réserve la faculté de substituer, dans les droits ci-dessus mentionnés, le concessionnaire qui pourrait succéder à la Compagnie.

Le prix fixé à dire d'experts sera payé d'année en année, par dixième, à partir de l'expiration de la durée de la concession, avec intérêts à 4 pour 0/0 par an, à compter de cette époque, la ville restant libre d'anticiper les paiements d'un ou de plusieurs dixièmes.

Le prix de l'éclairage dû par la ville pour les six derniers mois de la concession ne sera payé à la Compagnie qu'après qu'il aura été dressé, par l'architecte de la ville et toutes autres personnes que la Mairie pourra désigner à cet effet, un procès-verbal constatant que le matériel revenant en propriété à la ville est en bon état d'entretien.

ARTICLE 44.

Aucune des clauses du présent traité ne pourra être réputée simplement comminatoire.

L'Administration emploiera les moyens qu'elle jugera à propos pour en garantir l'observation exacte en tous points et pour s'assurer, notamment :

1o Que le gaz est régulièrement épuré ;

2o Que le mode de le produire, son pouvoir éclairant, la consommation par bec, sont conformes aux prescriptions ci-dessus.

M. le Maire ou ses délégués auront le droit d'aller visiter l'usine toutes les fois que ce sera jugé convenable, pour s'assurer du bon état du service.

ARTICLE 45.

Pour l'exécution du présent traité, la Compagnie fait élection de domicile attributif de juridiction, au Puy, à l'usine à gaz.

A la garantie de ses engagements envers la ville, et à peine de résiliation immédiate des présentes, la Compagnie s'oblige formellement de consentir, à réquisition, une affectation hypothécaire sur tous les bâtiments qu'elle possède en la commune du Puy, et qu'elle pourra acquérir ou édifier par la suite, pour son entreprise, ensemble, la canalisation et tout son matériel, lequel est considéré comme immeuble par destination, sur tout quoi la ville pourra prendre inscription, aux frais de la Compagnie, à concurrence d'un capital de 20,000 fr. Elle devra, sous la même peine de résiliation immédiate du présent traité, justifier, par un certificat du lendemain, de l'inscription qui sera prise, au nom de la ville, que les bâtiments, canalisation et matériel affectés ne sont grevés d'aucune autre inscription de privilége ou d'hypothèque.

ARTICLE 46.

Les frais de timbre, d'enregistrement et d'impression de 150 exemplaires du présent traité seront supportés par la Compagnie.

ARTICLE 47.

Le présent traité sera soumis à l'adoption du Conseil municipal, et ne deviendra définitif qu'après avoir été revêtu de l'approbation de l'autorité supérieure.

Fait double au Puy, le 25 octobre 1866.

Suivent les signatures :

H. VINAY.

E. SIAUX ; — A. DUPASQUIER ; — RICHOND ; — L. RIBAUD.

Il est également donné lecture du traité additionnel suivant :

Entre M. Henri Vinay, membre du Conseil général du département de la Haute-Loire, Maire de la ville du Puy, agissant en cette qualité, d'une part ;

Et MM. Siaux Etienne, Dupasquier Laurent-Auguste, Ribaud Léon, Richond-Chantal Ernest, administrateurs de la Société pour l'éclairage par le gaz de la ville du Puy, agissant en cette qualité, d'autre part ;

A été arrêté ce qui suit :

ARTICLE PREMIER.

En considération du traité qui vient d'être signé pour le renouvellement du privilége de l'éclairage de ladite ville, MM. les Administrateurs de la Compagnie déclarent qu'ils renoncent à réclamer toute indemnité qui pourrait être due à la Compagnie par la ville, à raison des détériorations occasionnées jusqu'à ce jour à leur canalisation par les travaux communaux, tels que la conduite des eaux de Vourzac et autres. De plus, ils s'engagent à fournir et placer, à leurs frais, pour compléter les illuminations de l'Hôtel-de-Ville, des tuyaux munis de brûleurs comme ceux qui existent déjà ; ces tuyaux doivent être établis conformément aux plans qui leur seront donnés par l'autorité municipale.

ARTICLE 2.

De son côté, M. le Maire prend l'engagement de soumettre au Conseil municipal le traité qui vient d'être signé, avec la réserve expresse que la mise à exécution du nouveau tarif du prix du gaz, pour l'éclairage public et particulier, sera retardée après le 1er janvier prochain, si le service de la petite vitesse du Puy à St-Etienne, momentanément interrompu, n'est pas rétabli à cette époque; le nouveau tarif, dans ce cas, ne devra entrer en vigueur qu'après la reprise du service de petite vitesse sur le chemin de fer du Puy à Firminy.

Cette clause, spéciale pour l'interruption momentanée du service, ne peut s'appliquer aux autres interruptions de service qui pourraient arriver à l'avenir.

Fait double au Puy, le 25 octobre 1866.

Suivent les signatures :

H. VINAY.　　　　　SIAUX ; — DUPASQUIER ; — RIBAUD ; — RICHOND.

Le Puy, typographie et lithographie M.-P. MARCHESSOU.

www.ingramcontent.com/pod-product-compliance
Lightning Source LLC
Chambersburg PA
CBHW050501210326
41520CB00019B/6300